www.ingramcontent.com/pod-product-compliance
Lightning Source LLC
LaVergne TN
LVHW010418070526
838199LV00064B/5342
9789358729894

لہجۂ خنداں

(انشائیے)

مرتب:

اعجاز عبید

© Taemeer Publications LLC

Lahja-e-KhandaaN (Inshaaiyeh)
Edited by: Aijaz Ubaid
Edition: November '2023
Publisher :
Taemeer Publications LLC (Michigan, USA / Hyderabad, India)

ISBN 978-93-5872-989-4
9 789358 729894

مصنف یا ناشر کی پیشگی اجازت کے بغیر اس کتاب کا کوئی بھی حصہ کسی بھی شکل میں بشمول ویب سائٹ پر اَپ لوڈنگ کے لیے استعمال نہ کیا جائے۔ نیز اس کتاب پر کسی بھی قسم کے تنازع کو نمٹانے کا اختیار صرف حیدر آباد (تلنگانہ) کی عدلیہ کو ہو گا۔

© تعمیر پبلی کیشنز

کتاب	:	**لہجۂ خنداں**
مرتب	:	**اعجاز عبید**
صنف	:	طنز و مزاح
ناشر	:	تعمیر پبلی کیشنز (حیدر آباد، انڈیا)
سالِ اشاعت	:	۲۰۲۳ء
صفحات	:	۴۰
سرورق ڈیزائن	:	تعمیر ویب ڈیزائن

فہرست

(۱)	اک ترے آنے کے بعد	مجتبیٰ حسین	7
(۲)	مزاح نگاری کا پہلا سبق	سید تنویر احمد	13
(۳)	رسومِ جوتا	وقار خان	18
(۴)	یہ جو ٹینشن ہے، دشمن ہے ہمارا	ڈاکٹر نذیر مشتاق	23
(۵)	کتے کی زبان	نصرت ظہیر	29
(۶)	کبھی خوشی کبھی غم	ڈاکٹر نذیر مشتاق	34

تعارف

انشائیہ زندگی کی سچائیوں کا ایسا بے ربط، زندگی سے بھرپور بیان ہوتا ہے جس میں لطافت، فلسفۂ حیات اور اسلوب کی دلکشی شامل ہوتی ہے۔ یہ نثری ادب کی ایسی مقبول اور پسندیدہ صنف ہے جو مضمون کی مانند لگنے کے باوجود مضمون سے الگ انداز رکھتی ہے۔ انشائیہ میں انشائیہ نگار آزادانہ طور پر اپنی تحریر پیش کرتا ہے، جس میں اس کی شخصیت کا پہلو نظر آتا ہے۔ صفحۂ قرطاس پر انشائیہ نگار کے الفاظ گویا خیالات، تاثرات، مشاہدات، محاورات اور مزاحیہ استعارات کے مختلف گلہائے رنگا رنگ سے سجے ہوتے ہیں۔ طنز و مزاح کے عناصر انشائیہ میں موجود ہوتے ہیں لیکن فکر و فلسفے اور مقصد کے تحت، طنز و مزاح کا انشائیہ میں ہونا ضروری اور لازمی نہیں ہے۔

زیر نظر کتاب ممتاز شاعر و ادیب اعجاز عبید کی جانب سے منتخب شدہ انشائیوں کے ایک انتخاب پر مشتمل ہے۔

(۱) اک ترے آنے کے بعد

مجتبیٰ حسین

عبدالحمید عدم نے اپنے طرحدار معشوق کے بارے میں ایک بے مثال شعر کہا تھا۔

زندگی میں وقت دو ہی مجھ پہ گزرے ہیں کٹھن
اِک ترے آنے سے پہلے اک ترے جانے کے بعد

ہم کہاں اور عبدالحمید عدم کہاں۔ یہ اگلے وقتوں کے لوگ تھے جنہیں معشوق بھی ایسے ملتے تھے جو کم از کم ان کے دو وقتوں کو کٹھن بنا کر ان کی زندگی کو ایک خوشگوار تجربے سے ہمکنار کر دیتے تھے۔ اب ہم جیسے لوگ ان کے پیارے پیارے کٹھن وقتوں کے حوالے سے اپنی زندگی کے بے معنی اور لاحاصل کٹھن وقتوں کو یاد کرتے ہیں۔ ہم یہ کالم اس برے وقت لکھ رہے ہیں جب ملک میں عام انتخابات کے سارے کٹھن مرحلے گزر چکے ہیں وہ گہما گہمیاں اور ساری ہنگامہ آرائیاں ماند پڑ گئی ہیں جو امیدواروں کی انتخابی مہم کا لازمی حصہ ہوتی ہیں۔ بس دو دن گزر جائیں تو دوسرے کٹھن وقت کا مرحلہ شروع ہو جائے گا۔ بلکہ جب آپ یہ سطریں پڑھ رہے ہوں گے تو انتخابی نتائج کے سیلاب میں گلے گلے ڈوبے ہوئے ہوں گے۔ سمجھئے کہ دو طوفانوں کے بیچ جو ایک پر اسرار خاموشی کا وقت ہوتا ہے اس میں بیٹھ کر ہم یہ کالم لکھ رہے ہیں۔ ہمیں پتہ نہیں کہ جب طوفان آئے گا اور خاموشی ٹوٹے گی تو ہمارا کٹھن وقت کاٹنا جان لیوا ہو گا اور یہ کب تک جاری رہے گا۔ دیکھا جائے تو معشوق اور انتخابات کے ذریعہ عطا ہونے والے کٹھن وقت کا تقابل ہی غیر

منطقی ہے۔ کیونکہ معشوق اپنے آنے اور جانے سے پہلے جو کٹھن وقت عطا کرتا ہے۔ اس میں بڑا گداز اور بڑی مٹھاس ہوتی ہے جبکہ عام انتخابات اپنے آنے اور جانے سے پہلے جو کٹھن وقت عوام کو عطا کرتے ہیں اس میں آدمی اس وقت کو گزارنے کی کوشش میں بسا اوقات خود دنیا ہی سے گزر جاتا ہے۔

آج جب ہم پیچھے مڑ کر دیکھتے ہیں تو احساس ہوتا ہے کہ اس ملک کی جمہوریت میں ہم نے عملاً نصف صدی کا وقت گزارا ہے۔ خیال رہے یہ پل دو پل کی بات نہیں ہے۔ اس ملک کے دوسرے عام انتخابات میں جب ہم ووٹ دینے کے لئے پہلی مرتبہ پولنگ بوتھ پر گئے تھے اتفاق سے ہم جس قطار میں کھڑے ہوئے تھے وہاں ہم سے آگے ایک بزرگ بھی تھے جو خود بھی زندگی میں پہلی بار اس عظیم جمہوری تجربے میں شریک ہو رہے تھے۔ ان کے چہرے پر جو آثار نمایاں تھے ان سے لگتا تھا کہ بہت سراسیمہ اور پریشان ہیں۔ بار بار ہم سے پوچھتے تھے۔

"میاں! سنا ہے کہ ووٹ دیتے وقت انگلی پر کوئی نشان لگا دیتے ہیں۔ کہیں اس عمل سے تکلیف تو نہیں ہو گی۔ زندگی میں دو چار مرتبہ ڈاکٹر سے انجکشن ضرور لگوایا ہے۔ اگر چہ ڈاکٹروں نے مجھے دلاسہ دینے کی خاطر ہر بار یہی کہا کہ انجکشن لیتے وقت تمہیں یوں محسوس ہو گا جیسے کیس چیونٹی نے تمہیں کاٹ لیا ہو۔ حالانکہ چیونٹی اتنی بے درد نہیں ہوتی۔ جتنے ڈاکٹر ہوتے ہیں۔ کیونکہ چیونٹی کاٹنے کی کوئی فیس نہیں لیتی۔ جبکہ ڈاکٹر تکلیف پہنچانے کے بعد فیس بھی وصول کر لیتے ہیں۔

بیٹے مجھے صاف صاف بتا دو کہ ووٹ دینے کے لئے نشان لگاتے وقت کوئی تکلیف تو نہیں ہوتی۔؟" ایمان کی بات تو یہ ہے کہ اس معاملہ میں ہم بھی بالکل اناڑی تھے۔ کیونکہ ہم بھی زندگی میں پہلی بار ووٹ دینے والے تھے۔ تاہم یونیورسٹی میں تعلیم حاصل کرنے

کی وجہ بیشتر جمہوری ممالک کے حالات اور خود جمہوریت کے بارے میں ابراہم لنکن کے فرمودات اور ان فرمودات کے حشر وغیرہ سے ہم بخوبی واقف تھے۔ لہذا بڑے میاں موصوف سے جو نئے نویلے ووٹر بنے تھے ہم نے دست بستہ عرض کی۔ "حضور میں بھی آپ ہی کی طرح پہلی مرتبہ ووٹ دے رہا ہوں۔ ناتجربہ کار ہوں۔ تاہم جمہوری نظام حکومت کے بارے میں بہت کچھ پڑھ رکھا ہے۔ جس کے مطابق اتنا جانتا ہوں کہ ووٹ دیتے وقت آپ کی انگلی میں تو کوئی درد نہیں ہوتا۔ لیکن آپ کے ووٹ کی مدد سے جب سرکار بن جاتی ہے تو لگاتار پانچ برسوں تک آپ سخت تکلیف سے گزرتے رہتے ہیں۔ دل کا درد تو معمولی بات ہے۔ آپ کے جوڑ جوڑ میں درد سما جاتا ہے۔ اتنا سنتے ہی بڑے میاں نے قطار میں سے اپنی جگہ چھوڑ دی اور راہ فرار اختیار کی۔

ہمیں اندازہ نہیں تھا کہ ہماری ذراسی بات پر وہ اتنے برافروختہ ہو جائیں گے کہ اس ملک کے عظیم جمہوری تجربہ میں شامل ہونے سے اپنے آپ کو محروم کر لیں گے۔ ہمیں اندیشہ ہے کہ اس کے بعد شاید ہی کبھی انہوں نے اپنے ووٹ کا استعمال کیا ہو۔ کیونکہ جمہوری تجربے کی قطار سے نکلتے وقت ہی ان کی عمر کچھ ایسی تھی کہ لگتا تھا موصوف پہلی اور آخری بار اپنے ووٹ کا استعمال کیا ہو۔ کیونکہ جمہوری تجربے کی قطار سے نکلتے وقت ہی ان کی عمر کچھ ایسی تھی کہ لگتا تھا موصوف پہلی اور آخری بار اپنے ووٹ کا استعمال کیا ہوں۔ ہمارا ذاتی خیال یہ ہے کہ جمہوریت میں عوام پر جو دو وقت کٹھن گزرتے ہیں ان کی صحیح عکاسی کرنے کے لئے عبد الحمید عدم کے مصرعہ کی ترتیب میں ذراسی تبدیلی کی ضرورت ہے۔ اور مصرع اس طرح لکھا جانا چاہئے۔

اِک ترے جانے سے پہلے

اِک ترے آنے کے بعد

اگر آپ مصرعہ کی الٹی ترتیب کو بغور پڑھیں تو عوام اور عاشق کے کٹھن وقت کے کرب کی مدد سے حکومتوں اور معشوق کی آمد و رفت کے صحیح پس منظر سے کماحقہ لطف اٹھایا جا سکتا ہے۔ ہمارے ایک اور دوست تھے۔ بے حد جذباتی مگر رکھ رکھاؤ والے۔ اس ملک کے تیسرے عام انتخابات میں پہلی بار اپنے ووٹ کا استعمال کرنے کے لئے جب وہ اپنے گھر سے چلے تو کچھ اس شان سے کہ نئی شیروانی اور نئے جوتے پہن رکھے تھے۔ حد تو یہ ہے کہ زیر جامہ اور رومال بھی نیا تھا۔ آنکھوں میں سرمہ اور کان میں عطر کا پھاہا بھی رکھ چھوڑا تھا۔ یوں لگتا تھا جیسے عید کی نماز پڑھنے کے لیے جا رہے ہوں۔ یا سہرے کے بغیر خود اپنے 'عقد ثانی' میں شرکت کی غرض سے جا رہے ہوں۔ جمہوریت کا نیا نیا تجربہ تھا۔ اور ان دنوں عوام میں جوش و خروش بھی بہت پایا جاتا تھا۔ چنانچہ بعض جوشیلے رائے دہندے ایک ہی پولنگ بوتھ پر دس دس بوگس ووٹ ڈال کر آتے تھے۔ آج جب ہم جمہوریت سے اپنے پچاس سالہ شخص تعلق پر نظر ڈالتے ہیں تو احساس ہوتا ہے کہ ہمارے حقیر اور ادنی سے ووٹ نے جواہر لال نہرو۔ لال بہادر شاستری اندرا گاندھی۔ راجیو گاندھی کے علاوہ وی پی سنگھ اور منموہن سنگھ جیسی ہستیوں کو اس ملک کی وزارت عظمی کی کرسی تک پہنچانے میں مدد کی۔

ان پچاس برسوں تک تو معاملہ ٹھیک ٹھاک چلتا رہا۔ لیکن بعد میں سیاست دانوں کا سماجی اخلاقی اور علمی معیار رفتہ رفتہ گرتا چلا گیا۔ ہمارے ایک دوست پارلیمنٹ کے رکن ہیں دہلی میں رہتے ہیں اور انہوں نے ہم پر یہ پابندی کر رکھی ہے کہ ہم کسی محفل میں ان کا تعارف رکن پارلیمنٹ کی حیثیت سے نہ کرائیں۔ کہتے ہیں لاج سی آتی ہے اور آنکھیں شرم سے جھک جاتی ہیں۔ اب پارلیمنٹ میں پڑھے لکھے ارکان کی تعداد کم ہوتی جا رہی ہے۔ غیر سماجی عناصر اور جرائم پیشہ افراد کی تعداد میں اضافہ ہو رہا ہے۔ بعض تو ایسے بھی

ہیں جو جیلوں میں بند ہیں۔ تقریباً تین دہائیوں تک اس ملک کی سیاست میں ہماری دلچسپی برقرار رہی۔ لیکن جب پہلی مرتبہ مسز اندار گاندھی انتخابات میں ہار گئیں تو ہم نے اس بات کا اتنا گہرا اثر قبول کیا کہ دو دنوں تک گھر سے باہر نہیں نکلے۔ بلکہ پریس کلب تک نہیں گئے۔ تب ہمیں احساس ہوا کہ ہم اپنا ووٹ ووٹ بنک میں رکھنے کے عادی ہو گئے ہیں۔ لہذا ہم نے بڑی ہوشیاری سے اپنا ووٹ ووٹ بنک سے نکالا اور اب اسے حسب موقع اور حسب ضرورت استعمال کرتے ہیں۔ یوں بھی بنکنگ سے ہمارا کوئی خاص سروکار نہیں ہے۔ لوگوں نے ہمیں بہت کم کسی بنک میں دیکھا ہو گا۔ جب ہم بنکوں میں اپنا پیسہ تک رکھنے کے قابل نہیں ہیں تو اپنے اکلوتے ووٹ کو کسی ووٹ بنک میں کیوں رکھیں۔

ہمارے ایک اور دوست ہیں جو مسز اندرا گاندھی کی ہار سے اتنے دل برداشتہ ہوئے کہ جمہوریت سے ہی دستبردار ہو گئے۔ اب نہ تو وہ ووٹ دینے جاتے ہیں نہ کسی انتخابی جلسے کو سنتے ہیں۔ ہم شخصی طور پر جمہوری عمل سے اس قدر بددل ہونے کے قائل نہیں ہیں۔ وہ صبح کبھی نہ کبھی تو آئے گی ہی جب ہمارے ووٹ کی حکمرانی پھر سے قائم ہو جائے گی۔ پچھلی دو دہائیوں کا ہمارا تجربہ کہتا ہے کہ مستقبل قریب میں اس ملک میں کسی ایک پارٹی کی حکمرانی قائم ہونے کے کوئی آثار نہیں ہیں۔ لہذا اب 'مخلوط حکومتوں' کا بول بالا ہے۔ مخلوط حکومت بے پیندے کے لوٹوں یا تھالی کی بینگنوں کی مدد سے بنائی جاتی ہے۔ مخلوط حکومت سرکار چلانے کے کرتب تو دکھا سکتی ہے لیکن کوئی کارنامہ انجام نہیں دے سکتی۔ پہلے سیاست دان اس ملک کو اور ملک کے شہریوں کو آپس میں جوڑنے کی بات کرتے تھے۔ مگر اب جوڑ توڑ ہی نہیں بلکہ توڑ توڑ کا چلن عام ہو گیا ہے۔ پہلے کوئی ایک سیاسی پارٹی شہریوں کو لوٹتی تھی مگر اب کئی لٹیرے مل کر پہلے عوام کے ووٹوں کو اور بعد میں ان کے نوٹوں کو لوٹنے میں مصروف ہو جاتے ہیں۔ اس افراتفری کا ایک فائدہ یہ ہوا کہ اب

ہر کس و نا کس اپنے آپ کو اس ملک کا وزیر اعظم بننے کا اہل سمجھنے لگا ہے۔ جس لیڈر کو اس کی تعلیمی لیاقت کی بنیاد پر ایل ڈی سی کو نوکری نہیں مل سکتی اب وہ بھی وزیر اعظم بننے کے خواب دیکھنے لگا ہے۔

جمہوریت کا یہی تو فائدہ ہے۔ تاہم ہم اپنے طور پر بہ رضا و رغبت یہ اعلان کر دینا چاہتے ہیں کہ ہم وزیر اعظم کی دوڑ میں شامل نہیں ہیں۔ اگر کوئی صاحب یا پارٹی ہمیں وزیر اعظم بنانے کا ارادہ رکھتی ہے تو وہ ہمارے بھروسے بالکل نہ رہیں۔

بہر حال دو ہی دن بعد جب انتخابی نتائج آ جائیں گے تو ہمیں پتہ چل جائے گا کہ لیڈروں کی منڈی میں کس لیڈر کا کیا بھاؤ مقرر ہو گا۔ بہر حال ایک ذمہ دار شہری کی طرح ہم مایوس ہونے کے باوجود اس ملک کے جمہوری نظام سے جڑیں رہیں گے اور ووٹ دینے والوں کی قطار میں بشرط زندگی بار بار جاتے رہیں گے۔

کہیں تو قافلہ نو بہار ٹھہرے گا۔

(۲) مزاح نگاری کا پہلا سبق

سید تنویر احمد

حضرات ! گزشتہ دنوں جب ہمارا ایک مزاحیہ مضمون اخبارات کے قیمتی کالموں کو ضائع کیا تو ہمیں کچھ ٹیلی فون کال موصول ہوئے اور بعض غیر سنجیدہ افراد ہماری خدمت میں حاضر ہوئے اور پوچھنے لگے کہ وہ مضمون آپ نے کس سے لکھایا تھا۔ ؟ ہمیں اس سوال پر خوشی ہوئی۔ انکا یہ سوال اس لئے غلط نہیں تھا کہ انہوں نے ہمارے قلم سے چند سیاسی تبصرے پڑھے تھے۔ ہم نے کہا میاں ہم نے مزاح نگاری کا ایک قلیل المیعاد کورس طویل عرصے سے پڑھ کر مکمل کیا ہے۔ اور اب اس قابل ہوئے ہیں کہ لوگوں کے لبوں پر مسکراہٹ لانی کی عظیم خدمت انجام دے سکیں۔

ایک صاحب نے پوچھا یہ تو بڑے "فخر و فاقے" کی بات ہے۔ (غالباً انہوں نے فخر کی تفضیل کل Superlative degree کو فاقہ سمجھا) کہ ہمارے شہر میں ایک کوالی فائڈ مزاح نگار جنم لیا ہے۔ دوسرے صاحب نے پوچھا: اچھا آپ نے یہ کورس کہاں سے کیا۔ ہم نے فوری جواب دیا" ابن انشاء میموریل خوش دلان انسٹی ٹیوٹ "سے۔ حاضر مجموعے میں سے ایک اردو سے واقف زمانے کا مارا بلکہ ریسیشن کا مارا ایک کمپیوٹر انجنیر بھی تھا۔ اس نے تعجب سے سوال کیا کہ یہ " مجانگاری " کس علم کی برانچ ہے سر۔ میڈیکل، انجنیئرنگ، سوشل سائنس یا کوئی اور۔ ہم نے ہونہار نوجوان کو جنہیں انکی کمپنی نالائقی کی وجہ سے "پنک سلپ" دے چکی تھی کہا" دیکھو یہ جھگڑا برسوں سے چلا آرہا ہے کہ مزاح نگاری کو کس شعبہ میں شامل کیا جائے۔ اور جوں جوں زمانہ گزر رہا ہے یہ مسئلہ مزید پیچیدہ

ہوتے جارہا ہے۔ حالانکہ ناتو اس میں امریکہ ملوث ہے اور ناہی اسرائیل اور ناہی بی جے پی۔ علم نفسیات والے کہتے ہیں کہ یہ ہمارے علم کی شاخ ہے۔"

مزاح لکھنے والے کو ماہر نفسیات ہونا ضروری ہے۔ مزاح ناپ تول کر بر وقت، بر موقع، برجستہ، اور سارے معاملات سے بری الذمہ ہو کر لکھنا اور کہنا پڑتا ہے۔ لسانیات والے کہتے ہیں کہ یہ تو ہماری نالائقی اولاد ہے۔ جب دیکھو ٹھی ٹھی، ٹھاٹھا کرتی رہتی ہے۔ ہم تو اسے اپنا ہی مانیں گے چاہے جیسی بھی ہو۔ فائن آرٹ اور تھیٹر والے کہتے ہیں کہ یہ ہماری ملکیت ہے۔ وہ اسے معاش کا بہترین ذریعہ سمجھتے ہیں۔ اس پر سرمایہ کاری ہو رہی ہے۔ اب تو ہر ٹی۔ وی چینل والا اسے اپنایا ہوا ہے۔ پتہ نہیں شیکھر سومن اور صدو پاجی کب اپنی کوئی کمپنی کھول لیں۔ یقین مانئے۔ شیر مارکیٹ میں اس کے اتنے شیئر فروخت ہونگے کہ مند مارکیٹ میں تیزی آجائیگی۔ خیر اسطرح اسے شیئر مارکیٹ میں کھینچ کر معاشیات اور اقتصادیات کا بھی حصہ بنانے کی کوشش ہو رہی ہے۔

ادارہ ادب اسلامی والے کہتے ہیں " مسکراہٹ صدقہ ہے " اور کسی کو صحت مند تفریح فراہم کرنا اسلامیات میں شامل ہے۔ سوامی رام دیو گروجی کہتے ہیں کہ ہنسنا یوگا کا ایک اہم آسن ہے۔ ویسے انکو اسٹیج پر بیٹھا دیکھ کر سامنے والا صرف ہنسنے والا آسن ہی کرتا ہے۔

اس پر ایک صاحب اپنا ہاتھ اٹھا کر ایک سوال کی اجازت چاہی۔ ہم نے دریافت کیا کہ آپ کا نام کیا ہے۔ جواب دیا کہ سبز خاں۔ ذرا سی حیرت ہوئی۔ پھر ہم نے کہا کہ کہئے جناب۔ انہوں نے کہا کہ مزاح نگاری ماحولیات سے بھی تعلق رکھتی ہے۔ ہم نے پوچھا وہ کیسے انہوں نے کہا مزاح نگار کی ماحول پر گہری نظر ہوتی ہے۔ ہم نے پوچھا سبز خاں صاحب آپ کا نام تو بڑا ماحولیات سے متعلق ہے، آپ کیا کرتے ہیں۔ خان صاحب نے کہا

ماحولیات سے متعلق غیر سرکاری ادارے میں کام کرتا ہوں۔ کیا کام کرتے ہیں جناب۔ خان صاحب بغیر شرمائے کہنے لگے۔ غیر سماجی اداروں اور سرکاری عہدیداروں کے درمیان رابطہ کا کام کرتا ہوں۔ ہم نے کہا " گاندھی جی " کے ہوتے ہوئے بھی آپ کی ضرورت ہے۔

تو اس طرح میرے نوجوان یہ مسئلہ ابھی حل نہیں ہو سکا۔ پتہ نہیں یہ مسئلہ کب، کیسے اور کون حل کر سکتا ہے۔ چونکہ محفل با ضابطہ نہیں تھی اس لئے ایک صاحب نے سوال کیا کہ یہ مزاح نگاروں کو خوش دلان کیوں کہا جاتا ہے۔ میں نے کہا کہ ہمارے کورس کا در اصل یہ پہلا سبق ہے۔ اور خوش دلان در اصل دنیا کا ایک بہت بڑا فلسفہ ہے جسے ارسطو اور سقراط نے بھی حل نہیں کر سکا۔ لیکن آپ لوگوں کو خوش ہونا چاہئے کہ آپ کے شہر کا ایک لائق مزاح نگار نے اس فلسفہ کی گتھی سلجھائی اور میں نے اس پر مقالہ پیش کر کے سند حاصل کی ہے اور اب اس قابل ہوں کہ آپ کے سامنے نہرو کرتا پہن کر اس کی کالر سیدھی کر سکتا ہوں۔ لیجئے اس فلسفہ کو مختصراً آپ بھی سن لیجئے۔

خوش دلان۔ خوش یعنی خوشی، دلان یعنی دل کی جمع، جیسا کہ آپ نے سنا ہو گا کہ دو دل ملنے کو۔۔۔۔۔ کہتے ہیں۔ تو دلان کا مطلب پیار۔ خوش دلان یعنی خوشیوں والا پیار۔ یہ تو اسکے لفظی معنی ہو گئے۔ لیکن دیکھئے کئی مرکبات اپنے لفظی معنی ایک رکھتے ہیں اور ان کے حقیقی معنی کچھ اور۔ ایسا اکثر محاوروں میں ہوتا ہے۔

جیسے بال کی کھال نکالنا۔ تو اسی طرح خوش دلان کا حقیقی مفہوم کچھ اور ہے۔ اور اسے یوں ہی سمجھایا نہیں جا سکتا۔ اس کو سمجھنے کے لئے واجپائی صاحب کی سیاسی زندگی پر گہری نظر ضروری ہے۔ اس پر مجموعہ میں سے کسی نے ہنس دیا اور کہا کہ خوش دلان کو واجپائی صاحب کی زندگی سے کیا مطلب ؟ ہم نے کہا کہ یہ ہی تو گہرائی ہے خوش دلان کی۔

پھر ہم نے کہا کہ وقت نہیں ہے بس مختصر اور آسان الفاظ میں سمجھاتا ہوں۔ واجپائی صاحب کے دو چہرے تھے۔ ایک اندر کا نظریاتی چہرا اور دوسرا دیکھاوے کا۔ دیکھاوے کا چہرا بابری مسجد کی شہادت اور گجرات فسادات کے وقت سامنے آیا۔ اور اندر کا چہرا انہیں بی جے پی کے اعلی عہدہ پر برقرار رکھا۔

زندگی بھر شادی نہیں کی۔ اندر کچھ اور تھا لیکن چہرے پر مسکراہٹ ہوتی۔ تو سمجھ لیجئے، کہ اگر زندگی کی کیفیت بدتر بھی ہے تو کوئی بات نہیں، چہرے پر مسکراہٹ ہونا چاہئے۔ اور اسی دو رخے پن کا نام "خوش دل" ہے اور جب اس طرح کے ہمت والے لوگ ایک جگہ جمع ہو جاتے ہیں تو اُسے "خوش دلان" کہا جاتا ہے۔ یعنی دل میں آہ! لیکن لبوں پر خوشی۔ اسی طرح یہ دوسروں کے چہروں پر بھی خوشی دیکھنا چاہتے ہیں

چاہے دل کی کیفیت کچھ بھی ہو، آپ نے ان کی تحریروں کا جائزہ لیا ہو گا تو اندازہ کر سکتے ہیں کہ یہ کسی سے خوش نہیں رہتے سب کا تمسخر اڑائیں گے۔ بیوی ہو کے دوست، استاد ہو کہ دفتر کا آفسر۔ پڑوسن ہو کہ وڑوسن۔ ہم نے کہا کہ آج کے لئے اتنا کافی ہے۔ وقت بہت ہو چکا ہے۔ پھر اگلے ہفتے ملتے ہیں۔

اس پر ایک صاحب جو روایتی مسلم وضع خطا (یعنی غلطی سے جو وضع اختیار کی جاتی ہے) میں تھے۔ اور ظاہری طور پر اسلامی معلومات کا مخزن نہیں تو کم سے کم "بولتا قاعدہ" تو نظر آرہے تھے۔ کہا کہ جناب ایک اسلحہ والی بات (ہم چونک گئے یہ کیا دہشت گردی والی بات ہے) ہم نے کہا کہ بھائی مزاح نگاری کا تعلق اسلحہ سے نہیں ہوتا۔ بلکہ ناکارہ کارتوس سے ہوتا ہے۔ پھر وہ کہنے لگے "نہیں حضرت اصلاح" پھر ہم نے اللہ کا شکر ادا کیا اور کہا کہ اچھا بھائی سناؤ اچھا ہوا کہ یہاں کوئی انٹلی جینس کا انفارمر موجود نہیں ہے۔ بتاؤ کیا اصلاح کرو گے ہماری۔ پھر اس نے کہا کہ آپ نے اپنے انسٹی ٹیوٹ کے نام میں ایک غلطی کی ہے۔ ابن

انشاء نہیں ہو سکتا۔ آپ کی اسلامی معلومات کم ہیں وہ " انشاء اللہ " ہے۔ اور وہ انسٹی ٹیوٹ والے یہ کہنا چاہتے ہیں کہ انکے ہاں سے فارغ ہونے والے انشاءاللہ مزاح نگار بنیں گے۔

(۳) رسومِ جوتا

وقار خان

ہمارے کلچر میں جوتوں سے متعلق بہت ساری رسومات رائج ہیں۔ ان میں سے اکثر کی تاریخ اتنی ہی پرانی ہے، جتنی کہ خود جوتے کی۔ تاہم قیام پاکستان کے بعد ان رسوم نے ہمارے ہاں جتنا فروغ پایا اور جو پذیرائی حاصل کی، اس پر خود جوتے بھی حیران ہیں۔ ایسی تمام رسومات میں قدر مشترک یہ ہے کہ ان میں جوتے کا کردار کلیدی ہے۔ چیدہ چیدہ 'رسومِ جوتا' ملاحظہ فرمائیے۔

جوتیاں سیدھی کرنا:

بنیادی طور پر رسم حامل جوتا کی خوشنودی حاصل کرنے کے لئے ادا کی جاتی ہے۔ تاریخ بتاتی ہے کہ ماضی میں یہ رسم اہل علم کے جوتوں سے متعلق تھی اور لوگ صاحبانِ علم و دانش کی جوتیاں سیدھی کرنے میں فخر محسوس کرتے تھے، لیکن وقت کے تقاضوں کے ساتھ یہ رسم بدلتے بدلتے اہلِ ثروت و اقتدار کے جوتوں پر آ کر ٹھہر گئی۔ آج کل اہلِ دانش و حکمت کے جوتے اس لئے بھی سیدھے نہیں کئے جاتے کہ وہ (اقتصادی وجوہ کی بنا پر) خاصے بوسیدہ ہوتے ہیں اور ان سے ہاتھ خراب ہونے کا اندیشہ ہوتا ہے۔ نیز اصحابِ علم و آگہی خود بھی اس کی اجازت نہیں دیتے مبادا کہ جوتے سیدھے کرنے والا انہیں لے کر ہوا ہو جائے۔

جوتیاں چاٹنا:

یہ رسم عام طور پر اس وقت ادا کی جاتی ہے جب کسی صاحبِ اختیار یا حامل جوتا سے غرض یا مفاد وابستہ ہو۔ مطلب حاصل کرنے کے لئے جوتیاں چاٹنا یا بدونِ سینگ ایک جانور کو باپ بنالینا، ایک ہی مفہوم کی رسوم ہیں۔ رسم ہذا دربار داری کے تقاضے پورے کرنے کے لئے بھی ادا ہوتی ہے۔

جوتے چھپانا:

یہ سب سے مقبول عوامی رسم ہے جو شادیوں سے لے کر مسجدوں تک بغیر کسی وقفے کے جاری ہے۔ تاہم اس رسم کا مستقبل زیادہ تابناک نہیں۔ دراصل جوتے اتنے مہنگے ہو گئے ہیں کہ وہ وقت دور نہیں جب لوگ ننگے پاؤں اپنی شادیوں اور مسجدوں میں جائینگے۔ شائقینِ جوتا چھپائی میں سے کسی نے کیا خوب کہا ہے

چل چلیے مسجد دی اس نکرے
جتھے جُتیاں دی لمبی قطار ہووے
اک توں چک لے، اک میں چک لاں
ساڈی عید بڑ ی مزے دار ہووے

جوتے گھسانا:

یہ خالصتاً عوامی رسم ہے۔ خواص کو اس سے پالا نہیں پڑتا۔ یہ رسم سرکاری دفتروں میں ادا کی جاتی ہے۔ سائلان کی درخواستیں سرکاری اداروں میں میز در میز رسوا ہوتی ہیں اور وہ ان دفاتر کے چکر پہ چکر لگا کر اپنی جوتیاں گھساتے رہتے ہیں۔ کبھی شناختی کارڈ حاصل کرنے کے لئے، کبھی بجلی کا بل ٹھیک کرانے کے لئے اور کبھی انصاف کے حصول وغیرہ وغیرہ کے لئے۔

جوتے چھوڑ کر بھاگنا:

اس رسم کا تعلق عشاقِ عظام سے ہے۔ پیشہ ور عشاق کو نہ چاہتے ہوئے بھی یہ رسم ادا کرنا پڑتی ہے۔ رسم مذکور کو دہرانے میں کیدو کی نسل کا کلیدی کردار ہے۔ دو دلوں کے ملاپ کی تقریبِ سعید کے دوران کیدو اپنے فن کا مظاہرہ کرتے ہیں اور عاشقوں کو اپنے جوتے وہیں چھوڑ کر بھاگنا پڑتا ہے۔

جوتے کی نوک پر رکھنا:

یہ بھی ایک قدم رسم ہے۔ اگرچہ نوکدار جوتے کا رواج کم ہو گیا ہے لیکن رسم ہذا کی مقبولیت میں کوئی کمی نہیں آئی۔ اس کا تعلق اربابِ اقتدار و اختیار سے ہے۔ انکے جوتوں کی نوکیں اتنی مضبوط ہوتی ہیں کہ وہ کروڑوں لوگوں کے مسائل اور جذبات کا بوجھ باآسانی سہار سکتی ہیں۔

جوتے کے برابر سمجھنا:

اغراض و مقاصد اور مفہوم میں یہ رسم، رسمِ بالا (جوتے کی نوک پر رکھنا) سے مماثلت رکھتی ہے۔ یہ رسم بھی خواص ہی ادا کرتے ہیں۔ عوامی مسائل اور مطالبات چاہے پہاڑ جتنے ہوں مگر اربابِ بست وکشاد انہیں حجم میں اپنے جوتوں کے برابر ہی سمجھتے ہیں۔

جوتا بدلنا:

یہ ایک مقبول عام رسم ہے، جسے ہر خاص و عام اپنی استطاعت کے مطابق ادا کرتا ہے۔ امیر آدمی نئے ڈیزائن آنے پر جوتا بدلتا ہے جبکہ غریب جوتا پھٹ جانے پر ایسا کرتا ہے۔ بعض لوگ اس رسم کو دوسری شادی کے نام سے بھی یاد کرتے ہیں۔

جوتے چلانا:

یہ رسم اس وقت ادا کی جاتی ہے جب مذاکرات ناکام ہو جائیں۔ جرگوں سے لے کر

اسمبلیوں تک، جب مسائل گفت و شنید سے حل نہ ہو سکیں تو جوتے چل جاتے ہیں۔ مذکورہ رسم کی ادائیگی سے قبل گالی گلوچ لازمی ہے۔

جوتے سنگھانا:

مرگی کے دورے میں یہ رسم مفید تصور کی جاتی ہے۔ اکثر عامل حضرات مریضوں کو جن پڑ جانے پر جوتا سنگھاتے ہیں۔ اگر مریض کو افاقہ نہ ہو تو عامل یہ کہتے ہوئے اسی جوتے سے مریض کی مرمت شروع کر دیتے ہیں کہ "جن بہت طاقتور ہے" حالانکہ جن یا بھوت کبھی بھی عاملوں سے طاقتور نہیں ہوتے۔ اگر ایسا ممکن ہو تو جن وہی جوتا لے کر عامل صاحب کی خیر خیریت دریافت کرنا نہ شروع کر دے؟

جوتے مارنا:

اس کو عربی میں 'الوداعی بوسہ' کہتے ہیں۔ اس رسم نے ہمارے ہاں گذشتہ ۶۱ سالوں میں جو پذیرائی حاصل کی ہے، وہ کسی دوسری رسم کے حصے میں کم ہی آئی ہے۔ قائداعظم کی ایمبولینس سڑک پر 'خراب' ہونے سے لیکر بھٹو کی پھانسی تک، جسدِ فاطمہ جناح کے زخموں سے رسنے والے خون سے لے کر راولپنڈی کی سڑکوں پر بہتے بے نظیر کے خون تک اور مادرِ ملت کو صدارتی الیکشن ہرانے سے لے کر ق لیگ بنوانے اور اسے انتخابات میں کامیاب کرانے تک، لاتعداد جوتے اس قوم کے مینڈیٹ کے سر پر توڑے جا چکے ہیں۔ جمہوریت کے نام پر جوتے، انصاف کے نام پر جوتے، ترقی کے نام پر جوتے، روزگار کے نام پر جوتے، سرکاری دفتروں میں جوتے، پولیس ناکوں پر جوتے، لوڈ شیڈنگ کے جوتے، آٹا بحران کے جوتے، مہنگائی کے جوتے ۔۔۔۔جوتے ہی جوتے ۔۔۔۔اس رسم کی مقبولیت کا یہ عالم ہے کہ عام آدمی بھی (موقع ملنے پر) رسم ہذا کے ذریعے اپنے جذبات کے اظہار کا موقع ضائع نہیں کرتا، جیسے پچھلے سال اپریل میں کراچی

اور لاہور میں لوگوں نے ارباب رحیم اور جناب شیر افگن تک اور حال ہی میں راولپنڈی ہائی کورٹ بار کے وکلاء نے جناب احمد رضا قصوری کی خدمت میں اپنے جذبات و احساسات بذریعہ جوتا پہنچائے۔ رسم مذکور کی مقبولیت اب ہماری ملکی سرحدیں پھلانگ چکی ہے اور وہ چلتے چلتے عراق اور انڈیا تک پہنچ گئی ہے۔ اس کی وجہ تسمیہ بارے کہا جا سکتا ہے " قانون فطرت ہے کہ انسانوں کے جذبات کو جوتے کی نوک پر رکھنے والوں کا مقدر جوتے ہی ہوتے ہیں"۔

(۴) یہ جو ٹینشن ہے، دشمن ہے ہمارا

ڈاکٹر نذیر مشتاق

بسیار کوشش اور تلاش کے باوجود بھی میری سمجھ میں نہیں آیا کہ انگریزی لفظ ٹینشن کا کیا ترجمہ کروں، ویسے اگر میں "تناؤ یا فشار" لکھ لیتا یا اپنی مرضی سے کوئی نئ اصطلاح ایجاد کر بھی لیتا تو پڑھنے والے اسے قبول نہیں کرتے کیونکہ کشمیریوں نے بعض انگریزی الفاظ کو من وعن قبول کیا ہے، ان الفاظ میں سے لفظ ٹینشن بھی ایک ہے۔ چونکہ یہاں ہر خاص و عام، مرد و زن، پیر و جوان ٹینشن کو ٹینشن ہی کہتا ہے، اس لئے میں بھلا کیوں اسے کوئی نیا نام دینے کی جسارت کروں۔ چلئے ٹینشن کو ٹینشن ہی کہیں گے، کیا فرق پڑتا ہے۔ ہمارے ہاں ہر کسی کو ہر وقت کوئی نہ کوئی ٹینشن ضرور ہوتا ہے، کوئی ٹینشن "لیتا ہے" اور کسی کو یہ "چڑھتا" ہے، کسی کو خود بخود "چڑھتا" ہے اور کسی کو چڑھایا جاتا ہے، کوئی اسے "چباتا" ہے تو کوئی اسے دوسرے پر "اُتارتا" ہے، کسی کو یہ مفت میں ملتا ہے اور کوئی اسے منہ مانگے دام دے کر خرید لیتا ہے۔ بعض لوگ روزِ تولد سے لے کر روزِ مرگ تک ٹینشن کو اپنے ذہن کے قفس میں مقید رکھتے ہیں۔ ہمارے سماج میں سکولی بچے سے لیکر ریٹائرڈ ملازم تک، چپراسی سے لے کر وزیر اعظم تک، گھریلو عورت سے لے کر دفتری بابو تک، ہر کوئی ٹینشن کا اسیر ہوتا ہے، کسی منچلے نوجوان نے مجھ سے کہا "لگتا ہے عام کشمیری بچہ شکم مادر سے ہی سے ٹینشن کی سوغات لے کر آتا ہے اور پھر عمر بھر یہ اس کے ساتھ سائے کی طرح لگا رہتا ہے۔ بعض لوگوں کا خیال ہے کہ کشمیر میں نامساعد

حالات کی وجہ سے ٹینشن شروع ہوا لیکن حقیقت یہ ہے کہ "حالات بگڑ جانے" سے پہلے بھی یہ مسئلہ موجود تھا، ہاں اتنا ضرور ہے کہ تلخی ایام نے اس کی شرح اور شدت میں نمایاں اضافہ کیا۔ تاریخ گواہ ہے کہ پچھلے ساٹھ برسوں میں عالمی سطح پر، بنی نوع انسان کی طرزِ زندگی میں ایک نمایاں انقلاب پیدا ہوا ہے۔

سائنس و ٹیکنالوجی نے آج کے انسان کو ایک ایسے دوراہے پر کھڑا کر دیا ہے جہاں وہ ایک مشین بن چکا ہے اور مشینی انداز میں زندگی گزار رہا ہے۔ وہ برسوں کا کام مہینوں میں، مہینوں کا کام دنوں میں، دنوں کا کام گھنٹوں میں اور گھنٹوں کا چند منٹوں یا سکینڈوں میں ختم کرنا چاہتا ہے۔ وہ اپنے بچپن کو بھی جلدی جلدی خیر باد کہہ کر جوانی کی وادی میں قلانچے بھرنے لگتا ہے اور بڑی سرعت کے ساتھ تعلیم مکمل کر کے ملازمت یا تجارت شروع کر کے راتوں رات "دولت مند" بننے کی تگ و دو میں لگ جاتا ہے۔ زیادہ سے زیادہ "کمانے" کے لئے وہ برق رفتاری سے دوڑنے لگتا ہے۔ اسے "منزل مقصود" پر پہنچنے کی اتنی جلدی ہوتی ہے کہ وہ غذا بھی جلدی جلدی پکاتا، کھاتا اور ہضم کر جاتا ہے۔

شاہراہِ زیست پر جب وہ اپنی زندگی کی گاڑی انتہائی تیز رفتاری سے چلانے لگتا ہے تو حادثات کے امکانات بھی بڑھ جاتے ہیں۔ جب زندگی کی گاڑی نارمل یا معین رفتار سے زیادہ تیز دوڑنے لگے تو۔۔۔ انسان کی جسمانی صحت کے علاوہ ذہنی صحت بھی متاثر ہوتی ہے۔ جب خیالات کی رفتار حد سے زیادہ تیز ہو جائے تو انسان بے قابو ہو جاتا ہے، اس کی ذہانت اُس سے بغاوت کرنے پر آمادہ ہو جاتی ہے۔ اسکے "چہرے کی حالت" بدل جاتی ہے اور اسے جس عجیب و غریب صورتحال کا سامنا کرنا پڑتا ہے، اسے ٹینشن کا نام دیا گیا ہے۔

ٹینشن کیا ہے؟ بعض لوگ ٹینشن کو ذہنی پریشانی سے تعبیر کرتے ہیں جبکہ حقیقت یہ ہے کہ ٹینشن ذہنی پریشانی کا ایک جز ہے اور یہ "مسلسل پریشانی" کے ظہور کا ایک وقتی

ذریعہ ہے جس میں نہ صرف انسان کا ذہن بلکہ اعصاب و عضلات بھی متاثر ہو جاتے ہیں۔ ٹینشن کی زد میں آکر انسان نہ صرف ذہنی تناؤ یا کھچاؤ محسوس کرتا ہے بلکہ اس کے جسم کے عضلات بھی اثر انداز ہو جاتے ہیں۔ اسے ہر دم بے چینی، کسی انجانے خطرے کا احساس اور ایک غیر یقینی صورتحال کا سامنا ہوتا ہے۔ ٹینشن کی وجہ سے فرد کی شکل و صورت بھی بگڑ جاتی ہے۔ اس کے چہرے کے عضلات تن جاتے ہیں اور اس کی ہاتھوں کی انگلیاں تھرتھرانے لگتی ہیں۔ اس کے حرکات و سکنات میں عجیب قسم کی "جلد بازی" نمایاں اور واضح ہوتی ہے۔

ٹینشن میں مبتلا فرد کسی مخصوص کام پر اپنی توجہ مرکوز کرنے میں ناکام ہو جاتا ہے اور وہ اپنے سر میں دباؤ یا "کسی اور قسم کا احساس" محسوس کرتا ہے۔ اس حالت میں وہ کبھی کبھی اپنا ذہنی توازن برقرار رکھنے میں بھی ناکام ہو جاتا ہے اور وہ جلد بازی میں کوئی ایسی حرکت یا فیصلہ کرتا ہے جس پر بعد میں اسے پشیمان ہونا پڑتا ہے۔ اسے بہت دیر تک یا عمر بھر اپنے غلط فیصلے کا خمیازہ بھگتنا پڑتا ہے۔ جب انسان متضاد خواہشات اور چاہتوں کے درمیان (چکّی کے دو پاٹوں میں گندم کی طرح) پسنے لگتا ہے تو ٹینشن اسے اپنی گرفت میں لے لیتا ہے۔ ٹینشن کا وجود شعوری یا لاشعوری ہو سکتا ہے۔

بسا اوقات فرد کو خود بھی یہ معلوم نہیں ہوتا ہے کہ وہ ٹینشن کی زد میں آچکا ہے۔ شاید اسی لئے جب کسی مریض سے معالج یہ پوچھتا ہے کہ اسے کوئی ٹینشن تو نہیں تو وہ فوری جواب دیتا ہے "مجھے کوئی ٹینشن نہیں ہے، میرے پاس تو سب کچھ ہے"۔ ٹینشن صرف ناداروں، مفلسوں اور غریبوں کو اپنی گرفت میں نہیں لیتا ہے بلکہ یہ "جانی دشمن" بلالحاظِ مذہب و ملت، عمر، جنس، رنگ و نسل اور سماجی رتبہ کسی بھی انسان پر حملہ اور ہو سکتا ہے اور اسے جسمانی، ذہنی، سماجی، اقتصادی یا روحانی طور نقصان پہنچا سکتا ہے۔ یہ زندگی

کے کسی بھی موڑ پر، کسی بھی انسان کو کسی بھی وقت اپنا شکار بنا سکتا ہے اور یہ انسان کی شخصیت پر منحصر ہے کہ وہ کس طرح اس سے نمٹ لے۔

وجوہات:

* روز مرہ کی زندگی میں خلاف توقع معمولی یا غیر معمولی واقعات کا رونا ہونا۔

* انسان کے دل و دماغ میں حسد کے جراثیم کا موجود ہونا۔

* زندگی کا واضح تصور نہ ہونا۔

* دوسروں سے بے جا توقعات رکھنا۔

* حد سے زیادہ تگ دو کرنا۔

* مذہبی تعلیمات پر عمل پیرا نہ ہونا۔

* نشہ اور ادویات کا استعمال کرنا۔

* حد سے زیادہ سگریٹ نوشی۔

* شراب نوشی

* کسی جسمانی بیماری میں مبتلا ہونا (طویل مدت تک)

* اپنے کام سے مطمئن نہ ہونا۔

* نامساعد حالات۔

* ماحولیاتی آلودگی

* سماجی بے راہ روی

* گذرے ہوئے کل اور آنے والے کل کی فکر میں زندہ رہنا۔

* حد سے زیادہ خواہشات۔

* حرص و ہوس اور لالچ

* ازدواجی زندگی میں "کوئی خاص کمی"
* سکولی بچوں کے معصوم کندھوں پر "کتابوں کا بوجھ"۔
* کوئی وجہ نہیں۔۔۔۔ (پھر بھی ٹینشن ہے)
* کوئی نفسیاتی یا دماغی بیماری۔ علامات:
* سر درد، چکّر
* غنودگی
* دل کی دھڑکنوں میں بے اعتدالی
* بدن میں تھرتھراہٹ
* ہاتھوں میں رعشہ، چہرے اور جسم کے عضلات میں تناؤ
* سینے میں درد
* بے ہوشی کے دورے
* بے چینی
* قبض
* دست
* زخمِ معدہ و اثنیٰ عشر (dueodenun)
* آنکھوں کے سامنے اندھیرا چھا جانا
* آنتوں میں زخم
* بھوک میں کمی
* نیند میں خلل
* فیصلہ کرنے میں دشواری

* کسی کام پر توجہ مرکوز کرنے میں ناکامی۔

علاوہ ازیں ہائی بلڈ پریشر، ذیابیطس، ریح ہار، گاؤٹ اور نفسیاتی امراض میں مبتلا مریضوں کے مرض میں شدت آسکتی ہے اور کسی وقت وہ کسی پیچیدگی کے شکار ہو سکتے ہیں۔ علاج: ٹینشن سے بچنے کے لئے ابھی تک کوئی حفاظتی ٹیکہ دریافت نہیں ہوا ہے۔ نہ ہی کسی دوائی یا مشروب سے اس پر قابو پایا جاسکتا ہے۔ سگریٹ نوشی یا شراب نوشی سے، خواب اور یا سکون اور ادویات استعمال کرنے سے، ٹینشن دور نہیں ہوتا بلکہ اس کی شدت بڑھ جاتی ہے۔ ٹینشن سے بچنے کے لئے یا اسے دور بھگانے کے لئے از خود ادویات کا استعمال نہ صرف نادانی اور حماقت ہے بلکہ بے حد ضرر رساں بھی ہے۔ ٹینشن کا علاج صرف یہ ہے کہ وہ بنیادی وجہ تلاش کی جائے جس سے ٹینشن شروع ہوتا ہو اور فرد کو اپنی گرفت میں لے لیتا ہو۔۔۔۔اگر کوئی فرد خود وہ وجہ تلاش کرنے یا سمجھنے میں ناکام ہو جائے تو کسی ماہر معالج، کونسلر یا ماہر نفسیات سے صلاح مشورہ کرنا بہتر ہے۔

(۵) کتے کی زبان
نصرت ظہیر

تو بات کتے کی زبان کی چل رہی تھی۔ اس زبان کی نہیں، جسے کتا اکثر منہ سے باہر لٹکائے رکھتا ہے اور یوں لگتا ہے، جیسے ہوا میں موجود رطوبت نسبتی Relative Humidity ناپنے کی کوشش کر رہا ہو۔ ذکر اس زبان کا تھا جس میں وہ دوسروں کا کہا سنتا سمجھتا اور اپنی بات کہتا ہے۔ دیکھا گیا ہے کہ دنیا کے سارے کتے ایک ہی زبان میں ہم کلام ہوتے ہیں اور شکل و صورت اور رنگ و نسل کے زبردست فرق کے باوجود ایک ہی زبان میں بولتے ہیں۔ یہ کبھی نہیں دیکھا گیا کہ امریکہ کا کتا انگریزی میں ٹٹ بٹ کر رہا ہو، چین کا کتا چینی زبان میں چیاؤں میاؤں کر تا ہو اور عرب کا کتا عربی میں رطب اللسان ہو۔ ہر ملک اور ہر صوبے کے کتے ایک ہی زبان میں بھونکتے ہیں۔ یہ شرف صرف حضرت انسان کو حاصل ہے کہ ہر دس کوس چلنے کے بعد ان کی زبان بدل جاتی ہے۔

لیکن تعریف کی بات یہ ہے کہ کتا آپس کی زبان ایک ہونے کے باوجود دوسروں کی زبانیں بڑی آسانی سے سیکھ لیتا ہے۔ تمل بولنے والا کوئی شخص اپنا کتا کسی پنجابی کو بیچ دے تو شروع میں چند روز ضرور وہ پنجابی زبان سے حیران اور پریشان نظر آئے گا، بلکہ ہو سکتا ہے کہ مالک کے ٹھیٹھ پنجابی لہجے سے ڈر کر بھونکنے بھی لگے، لیکن آپ دیکھیں گے کہ چند ہفتوں میں ہی وہ سلیس اور بامحاورہ پنجابی میں دسترس حاصل کر لے گا اور شستہ پنجابی میں احکامات کی تعمیل شروع کر دے گا۔ لسانی امور میں کتوں کو بالعموم صلح کل کا قائل اور

پابند دیکھا گیا ہے۔ زبان کے اختلاف پر آپ انہیں کبھی کسی سے لڑتے نہیں پائیں گے۔ یہ وصف صرف انسانوں میں ہے کہ مذہب، علاقہ، رنگ، نسل اور ذات پر ہی نہیں، زبان کے فرق پر بھی ایک دوسرے کو بھنبھوڑ کر رکھ دیتے ہیں۔

دنیا کو اضافیت کا عظیم سائنسی نظریہ دینے والے سائنس داں آئنسٹائن سے خاموش فلموں کے عظیم ترین اداکار چارلی چیپلن کی پہلی ملاقات ہوئی تو آئنسٹائن نے چیپلن کی تعریف کرتے ہوئے کہا "آپ کی سب سے بڑی خوبی یہ ہے کہ ساری دنیا میں آپ کی شہرت ہے اور ہر شخص آپ کی زبان سمجھتا ہے" چارلی چیپلن نے اس پر کہا :شکریہ جناب مگر آپ اس معاملے میں مجھ سے بھی بڑھ کر ہیں کہ ساری دنیا میں مشہور ہیں اور کوئی آپ کی زبان نہیں سمجھتا۔

چارلی چیپلن کی طرح کتا بھی زبان میں کم اور ترسیل میں زیادہ یقین رکھتا ہے۔ چنانچہ آپ دیکھیں گے کہ وہ اپنے دلی جذبات و خیالات کے اظہار کے لئے منھ سے کم اور اپنی دم سے زیادہ کام لیتا ہے۔ محبوب کی آنکھیں اس کی دلی کیفیات کی غماز ہوتی ہیں، چنانچہ شاعروں نے محبوب کی آنکھوں پر لاتعداد شعر کہے ہیں اور ان میں جھیل، تالاب اور سمندر ہی نہیں بلکہ بہت سے سربستہ راز، گمنام جزیرے، انجان خواب، اجنبی سائے، نیند، پیاس، شراب، پیالے، کٹورے، اور دوسرے کئی برتن خود بھی دیکھے ہیں اور اپنے سامعین و قارئین کو بھی دیکھنے کی پرزور سفارش و تلقین کی ہے۔ ایک شاعر نے کہا ہے کہ "محبت میں زباں چپ ہو تو آنکھیں بات کرتی ہیں،، یعنی جو دل میں ہے وہ آنکھوں سے ظاہر ہو جاتا ہے، لیکن اس سے بھی آگے بڑھ کر ایک بات شاعر نے یوں کہ:

لب کچھ کہیں اس سے حقیقت نہیں کھلتی
انسان کے سچ جھوٹ کی پہچان ہیں آنکھیں

کتا بھی بے چارہ اپنی آنکھوں سے یہی سب کام لینے کی کافی کوشش کرتا ہے، لیکن اس کی ناک کی طوالت بیچ میں آجاتی ہے۔ چنانچہ یہ سب کام اسے دم سے لینے پڑے ہیں جو اس کے خیالات کی ترسیل کو اس کی زبان کے مقابلے میں کہیں زیادہ صفائی کے ساتھ انجام دیتی ہے، بلکہ کئی بار تو وہ سب بھی کہہ دیتی ہے جسے کتا کہنا نہیں چاہتا اور بے چارہ بزبان اقبال دم سے بس شکوہ ہی کر کے رہ جاتا ہے کہ بے وقوف نامعقول:

تو نے یہ کیا غضب کیا مجھ کو ہی فاش کر دیا
میں ہی تو ایک راز تھا سینہ کائنات میں

کتے کی طرح محبوب کی بھی دم ہوا کرتی تو شاعروں کو وہ تمام شعر دم کی تعریف میں کہنے پڑتے، جو انہوں نے آنکھوں پر کہے ہیں۔ البتہ دم پر انہیں سمندر، تالاب، جزیرے اور حملہ برتن و آلات وغیرہ کو جمانے، ٹکانے یا لٹکانے میں خاصی وقت پیش آتی جو انہوں نے محبوب کی آنکھوں میں بڑی آسانی سے بھر دیئے ہیں۔ فلمی گانوں کے بول بھی کچھ یوں ہوا کرتے کہ:

آپ کی دم کے سوا دنیا میں رکھا کیا ہے
یہ اٹھے صبح چلے، یہ جھکے شام ڈھلے
میرا جینا مرا مرنا ہو اسی دم کے تلے

یا

چوری چوری آگ سی دم میں لگا کر چل دئے
ہم تڑپتے رہ گئے وہ مسکرا کر چل دئے

نیز

چلو دم دار چلو چاند کے پار چلو

دم سے ملا کے دم پیار کیجئے کوئی سہانا اقرار کیجئے۔۔۔

چرا لیا ہے تم نے جو دم کو، نظر نہیں چرانا صنم۔۔۔

کتے کو وفاداری کی بھی سب سے بڑی علامت مانا جاتا ہے۔ اور عجیب بات یہ ہے کہ کتا ہمیشہ دوسروں کے ساتھ ہی وفاداری نبھاتا ہے جہاں تک اپنی ذات اور نسل کا تعلق ہے تو وہ اپنی اولاد اور ان کی والدہ تک کا وفادار نہیں ہوتا۔ وہ بے چارے تکلیف میں بھوکوں مرتے ہیں اور یہ کم بخت یہاں وہاں منھ مارتا پھرتا ہے۔ پھر والدہ ماجدہ کی آبرو اور نیت بھی کسی ایک جگہ ٹک کر نہیں رہتی جدھر جی میں آیا دل بہلانے پہنچ جاتی ہے۔

لیکن انسان کے ساتھ کتے کی وفاداری خود انسان کو بھی حیران کر دیتی ہے۔ دونوں کی دوستی وفاداری اور ہمدردی کی ایسی ایسی محیر العقول و دل دوز داستانوں سے کتابیں بھری پڑی ہیں کہ پڑھیں اور سنیں تو آنکھیں بھر آئیں خود راقم کا بھی ایک ایسے شریف النفس کتے سے واسطہ پڑ چکا ہے کہ آج بھی اس کی یاد آتی تو دل کو دکھا جاتی ہے لیکن وہ قصہ پھر کبھی اس وقت تو یہ عرض کرنا مقصود ہے کہ اس قدر دیرینہ و نزدیکی مفاہمت و دوستی کے باوجود کتا بے چارہ آج تک انسان کے لئے ایک گالی بنا ہوا ہے۔ ایک طرف وہ وفاداری کا نمونہ ہے تو دوسری طرف ذلت کی علامت بھی ہے۔ کوئی انسان کسی کتے سے کتنی بھی محبت کیوں نہ رکھتا ہو، اس کی کتنی ہی ناز برداری کیوں نہ کرتا ہو ذرا آپ اسے کتے کا بچہ کہہ کر دیکھئے۔ وہ آپ کا سر توڑ دے گا۔ یہاں تک کہ یہ بات آپ سے پیار سے بھی کہیں یا کتے کا بچہ کہنے کی اولاد، کتے کا بیٹا یا کتے کا فرزند، بلکہ کتے کا فرزند ارجمند ہی کیوں نہ کہہ دیں تب بھی اس کا رد عمل تقریباً یہی ہو گا۔

پتہ نہیں خود کتا بھی انسان کو اپنے لئے گالی سمجھتا ہے یا نہیں۔ یہ راز جاننے کے لئے ایک دن میں نے ایک پڑوسی کے کتے کا دل ٹٹولنے کی کوشش کی تھی میں نے اس کے

قریب جا کر کہا: ابے او کتے کی اولاد!

سنتے ہی وہ دم ہلانے لگا جس سے ظاہر ہو گیا کہ کم از کم اپنی نسل پر اسے کوئی اعتراض یا شک و شبہ نہیں ہے۔ اب انسان کے بارے میں اس کی رائے جاننا تھی۔ چنانچہ دم ہلا کر نزدیک آتے ہوئے کتے سے اس بار میں نے کہا: "ابے او انسان کے بچے!"

اس نے بھونک کر آسمان سر پر اٹھایا!

(۶) کبھی خوشی کبھی غم

ڈاکٹر نذیر مشتاق

محمد انور میرے مطب میں میرے سامنے کھڑا تھا۔ اس کا بیٹا کرسی پر بیٹھا سر جھکائے کسی گہری سوچ میں گم تھا۔ محمد انور کی پلکوں پر آنسو لرز رہے تھے اور چہرے پر بے بسی اور پریشانی کے بادل چھائے ہوئے تھے۔ اچانک اس کے ہونٹ ہلنے لگے۔۔۔ اس کی آواز جیسے دور کہیں دور سے آرہی تھی "ڈاکٹر صاحب، میرے بیٹے نے مجھے خاک میں ملا دیا۔ اس نے مجھے کہیں کا نہ رکھا، مجھے بادشاہ سے گدا بنا دیا۔۔۔ چھ ماہ پہلے یہ لڑکا زندگی کی لیلیٰ سے مجنوں کی طرح عشق کرتا تھا ہر وقت کسی نہ کسی کام میں مصروف رہتا تھا، ہر پل خوشی کے گیت گاتا اور شادمانی کے جھولے جھولتا رہتا تھا۔ صرف چار گھنٹے نیند کی بانہوں میں جھولنے کے بعد، صبح تازہ دَم اٹھ کر خوب پیٹ بھر کر ناشتہ کرتا اور دن بھر پھرتی چستی سے ہر کام انجام دیتا تھا، ہر کسی کے ساتھ 'اچھا' سلوک اور ہنسی مذاق کرتا تھا۔ اونچے اونچے سپنے دیکھتا اور آسمان سے تارے توڑ دلانے کے وعدے کرتا تھا۔ کہتا تھا کہ وہ صرف ایک دو ماہ میں کروڑوں کا منافع حاصل کرے گا۔ اس نے مجھے اتنے پیار اور اعتماد سے سپنے دیکھائے کہ میں نے بنا سوچے سمجھے اپنی ساری پونجی اس کے حوالے کر دی اور اس نے بڑے پیمانے پر کاروبار شروع کیا۔۔۔ میری اُمید کے مطابق وہ "شاہراہِ تجارت" پر بڑی تیزی سے دوڑنے لگا۔ ہر کوئی اس کی محنت اور لگن دیکھ کر یہ کہنے پر مجبور ہو جاتا کہ یہ لڑکا کاروباری حلقوں میں جلد ہی ایک اونچا مقام حاصل کرے گا۔۔۔ میں بھی اس

کی کارکردگی سے مطمئن تھا اور اندر ہی اندر خوش ہو رہا تھا کہ میرا بیٹا زندگی کی دوڑ میں بہت آگے نکل جائے گا۔۔۔ مگر۔۔۔ میرے سپنوں کا شیش محل چُور چُور ہوا۔ جب ایک ماہ قبل میں نے دیکھا کہ اس نے کام میں دلچسپی لینا چھوڑ دیا اور وہ ہر وقت اُداس رہنے لگا ہے۔ کھانے پینے، دسروں سے ملنے جلنے میں اس کی دلچسپی ختم ہو گئی۔ وہ زیادہ تر وقت اپنے کمرے میں گذارنے لگا۔ صبح کے وقت بستر سے نکلنے کا نام ہی نہیں لینے لگا۔ ہر وقت صرف " کبھی خوشی کبھی غم تارارم پم پم " گنگنانے لگا۔ میرے پوچھنے پر کہ تم ہر وقت یہی ایک گیت کیوں گنگناتے ہو، کچھ اور کیوں نہیں کرتے، آخر وجہ کیا ہے ؟ تو جواب ملتا "زندگی یہی ہے کبھی خوشی کبھی غم"۔

جب اس نے کاروبار کی طرف توجہ دینا چھوڑ دیا تو میں نے سوچا شاید وہ ہم سے ناراض ہوا ہے یا اسے کاروبار کے لئے مزید رقم کی ضرورت پڑی ہو۔ میں نے ایک دوست سے کچھ رقم اُدھار لے کر اس کے سامنے رکھ دی مگر اس نے یہ کہہ کر وہ رقم لینے سے صاف انکار کیا " میں ایک نکمّا، نالائق اور نا اہل انسان ہوں، میں اب کچھ نہیں کر سکتا ہوں، اب ڈوب گیا ہوں۔ میں گناہگار ہوں، اب مجھے اپنے ہر گناہ کی سزا ملے گی، اب مجھے خدا بھی معاف نہیں کرے گا۔۔۔ اب میں کسی کے لئے کچھ نہیں کر سکتا ہوں۔ اب مجھے مر جانا چاہیئے، اب صرف موت ہی میرے غموں کا علاج ہے "۔ اس کے بعد وہ پھوٹ پھوٹ کر رونے لگا"۔

میں حیران و پریشان ہوا اور میں نے چند دوستوں اور رشتہ داروں سے اس بارے میں بات کی۔ کسی نے کہا " اسے نظر لگ گئی ہے "۔ کسی نے کہا " وہ کم عمری میں اتنا بڑا کاروبار سنبھال نہ سکا، اس پر بوجھ پڑا اور وہ ٹوٹ گیا"۔ کسی نے کہا " وہ بہانے بازی کرتا ہے "۔ کئی رشتہ داروں نے اس کی ماں سے کہا کہ " دشمنوں نے تعویذ کئے ہیں "۔۔۔

ہم اسے پیروں فقیروں کے پاس لے گئے۔ انہوں نے تعویذ دیئے، دَم کیا ہوا پانی دیا، سر اور سینے پر مالش کے لئے مٹی دیدی، طرح طرح کے نسخے دیئے مگر اس کی حالت میں سدھار آنے کے بجائے بگاڑ آتا گیا۔۔۔ اب آپ دیکھئے کس طرح کرسی پر سر جھکائے بیٹھا اپنے خیالوں میں گم ہے۔۔۔ میرے ایک تعلیم یافتہ دوست نے مجھ سے کہا کہ یہ کسی ذہنی بیماری میں مبتلا ہے۔ اس نے مجھے مشورہ دیا تھا کہ میں اسے "مینٹل ہاسپٹل" لے جاؤں یا کسی سائیکٹریسٹ کو دکھاؤں مگر۔۔۔ مجھے نہیں لگتا کہ یہ "پاگل" ہے۔ آپ کے بارے میں سنا ہے کہ آپ مریض کے ساتھ اچھی طرح بات کرتے ہیں اس لئے آپ مجھے مشورہ دیں کہ مجھے کیا کرنا چاہئے۔ کیا میرا بیٹا بیمار ہے یا۔۔۔" یہ کہہ کر محمد انور پھوٹ پھوٹ کر رونے لگا"۔

میں نے اسے تسلی دی اور اسے تھوڑی دیر کے لئے چیمبر سے باہر جانے کا مشورہ دیا۔

اب میں نے کرسی پر بیٹھے ہوئے نوجوان سے پوچھا "تمہارا نام کیا ہے؟" "عرفان انور" اس نے دھیمی آواز میں جواب دیا "کیا کام کرتے ہو؟" میں نے مسکراتے ہوئے پوچھا۔

"کچھ بھی نہیں۔۔۔ کبھی خوشی کبھی غم تارارم پم پم" اس نے جواب دیا اور اپنی قمیض کی جیب میں کچھ ٹٹولنے لگا۔

"کیا ڈھونڈ رہے ہو"۔ میں نے پوچھا

"اپنے آپ کو ڈھونڈ رہا ہوں"۔

"مجھے لگتا ہے اس بھری دنیا میں کہیں کھو گیا ہوں"۔ اس نے کاغذ کا ایک پرزہ میری طرف بڑھایا۔ میں نے کاغذ کا پرزہ کھولا۔۔۔

"یہ تو کورا کاغذ ہے" میں نے حیرت سے اس کی طرف دیکھ کر کہا۔

"میری طرح"۔ اس نے مختصر سا جواب دیا اور پھر سے سر جھکائے گنگنانے لگا "کبھی خوشی کبھی غم۔۔۔۔"

میری دلچسپی کا کینواس وسیع تر ہوتا گیا اور میں نے مریض اور اسکی بیماری میں گہری دلچسپی کا اظہار کیا۔ میں نے اسے یہ تاثر دیا کہ میں اس کا ہمدرد دوست ہوں اور اس کی مدد کرنا چاہتا ہوں۔ میں نے تفصیل کے ساتھ اس کے ساتھ بات چیت کی۔ اس کی زندگی کے ہر شعبے میں جھانک کر دیکھا اور تشخیص دینے میں کامیاب ہوا کہ وہ ایک ذہنی بیماری میں مبتلا ہے جس کے لئے اسے طویل مدت تک ادویات کے علاوہ سائیکوتھراپی کی ضرورت پڑ سکتی ہے۔ اتنی دیر میں محمد انور واپس لوٹا اور میں نے اسے سمجھایا کہ اس کا بیٹا کس مرض میں مبتلا ہے اور اسے کیا کرنا ہے۔

ڈپریشن ایک ایسی بیماری ہے جس میں کوئی بھی انسان زندگی کے کسی بھی موڑ پر مبتلا ہو سکتا ہے۔ یہ بیماری بلالحاظ مذہب وملت، رنگ ونسل، سماجی رتبہ، تعلیمی قابلیت، کسی بھی فرد کو اپنی گرفت میں لے سکتی ہے۔ اس بیماری میں مبتلا ہونے کے بعد مریض کے جسم کے علاوہ اس کی مزاجی کیفیت اور خیالات بھی اثر انداز ہوتے ہیں۔ مریض کا طرز زندگی، طرزِ فکر، طرز خوردونوش بدل جاتا ہے اور مریض سماجی علیحدگی اختیار کرنے پر مجبور ہو جاتا ہے۔ ڈپریشن کی کئی قسمیں ہیں۔ ایک قسم کی ڈپریشن کا نام بائی پولر موڈڈس آرڈر (Bipolor Mood Disorder)، اسے پہلے مینک ڈپریسو سائکوسس (MDP) کہا جاتا تھا۔

گو کہ ڈپریشن کی یہ قسم باقی اقسام سے کم پائی جاتی ہے لیکن پھر بھی ہمارے سماج میں اس بیماری کی شرح (نوجوانوں میں) اچھی خاصی ہے۔ اس بیماری میں مبتلا نوجوان

" کبھی خوشی " اور " کبھی غم " کا اظہار کرتے ہیں۔ جب وہ حد سے زیادہ خوشی محسوس کرتے ہیں تو وہ مینیا (Mania) میں ہوتے ہیں۔

مینک اپسوڈ (Manic Episode) میں مبتلا مریض متذکرہ بالا علائم میں سے کسی علامت کا اظہار کرتا ہے۔ وہ اپنے آپ کو وقت کا بادشاہ سمجھتا ہے اور وہ کچھ بھی کرنے کے لئے تیار ہوتا ہے۔ اسے اپنی قابلیت پر فخر ہوتا ہے اور وہ یہ سوچتا رہتا ہے کہ وہ اپنی قابلیت کی بناء پر ساری دنیا کو فتح کر سکتا ہے۔ وہ اپنی دولت بے دردی سے لٹاتا ہے اور اسے کوئی افسوس بھی نہیں ہوتا ہے۔ اسکی جنسی خواہش بلندیوں کو چھو لیتی ہے اور وہ اس دوران جنسی بے راہ روی کا بھی شکار ہو سکتا ہے۔ وہ ایسے عقائد و ارادوں کا اظہار کرتا ہے کہ سننے والا حیران رہ جاتا ہے۔ یہ سارے علامات وقت گذرنے کے ساتھ ساتھ شدت اختیار کرتے ہیں اور اگر مریض کو بر وقت مناسب علاج نہ ملے تو وہ کسی جرم کی پاداش میں قانون کی گرفت میں بھی آ سکتا ہے۔ یا کسی ہسپتال برائے امراض نفسیات میں داخل ہو سکتا ہے۔ یا پھر وہ مینیا (Mania) سے نکل کر ڈپریشن میں چلا جاتا ہے اور اس میں درج ذیل علامات ظاہر ہو جاتی ہیں۔

یہ سبھی علامات بیک وقت ایک مریض میں نہیں پائی جا سکتی ہیں۔ علامات کا کم یا زیادہ ہونا، مریض کی شخصیت پر منحصر ہے۔ ڈپریشن کے اپسوڈ میں مبتلا مریض کو ہر وقت ہر طرف صرف غم کے بادل چھائے ہوئے نظر آتے ہیں اور مینک اپسوڈ (Manic Episode) میں اسے ہر وقت خوشی ہی خوشی نظر آتی ہے۔ محمد انور کا بیٹا، عرفان انور بائی پولر ڈس آرڈر بیماری میں مبتلا تھا۔ ایسے بیماروں کو ماہر امراض نفسیات کے علاج کی ضرورت ہے۔ ایسے مریضوں کو کسی خاص مدت کے لئے اسپتال میں بھی بھرتی کرنے کی ضرورت پڑ سکتی ہے اور انہیں ایک طویل مدت تک ادویات کا استعمال کرنا پڑتا ہے۔ ایسے

مریض کی حالت بالکل دربار مو کی طرح ہوتی ہے۔ ان مریضوں میں "موڈ موو" ہوتا ہے۔ وہ سال کے بارہ مہینوں کے دوران، چھ ماہ حد سے زیادہ "خوش اور گرم" ہوتے ہیں اور چھ ماہ حد سے زیادہ "اُداس اور سرد" ہوتے ہیں۔ مریضوں (خاص کر جب وہ Mania میں ہوں) پر کڑی نگاہ رکھنا لازمی ہے تا کہ وہ کوئی ایسی حرکت یا فیصلہ نہ کریں جس سے بعد میں انہیں یا ان کے "رشتہ داروں" کو شرمندگی کا سامنا کرنا پڑے۔

✳ ✳ ✳

منتخب انشائیوں کی ایک اور دلچسپ کتاب

کچھ کھٹے کچھ میٹھے انشائیے

مرتبہ : ادارہ شگوفہ

بین الاقوامی ایڈیشن منظر عام پر آچکا ہے